AF370261

SOUVENIR AUX PARENTS & AUX AMIS.

À LA MÉMOIRE

DE

Jean-Baptiste LEPEUPLE,

MEMBRE DE LA SOCIÉTÉ DES AGRICULTEURS DE FRANCE
MEMBRE FONDATEUR DE LA SOCIÉTÉ DES AGRICULTEURS DU NORD
MEMBRE DU COMICE AGRICOLE DE LILLE
SUPPLÉANT DU JUGE DE PAIX DU CANTON DE PONT-A-MARCQ
CONSEILLER MUNICIPAL DE BERSÉE

1820-1880.

Le jeudi 8 janvier 1880, vers six heures du soir, une explosion formidable se produisait dans la ferme de M. Lepeuple-Lecouffe, à Bersée. La machine à vapeur verticale, servant de moteur à une machine à battre, venait d'éclater, tuant sur le coup M. Dindal, mécanicien, occupé à la réparer, et M. Jean-Baptiste Lepeuple, qui se trouvait à vingt-cinq mètres de là, et qui tombait frappé sous les fenêtres de son habitation.

Le lundi suivant, 12 janvier, vers onze heures, une foule recueillie et émue accompagnait jusqu'à leur dernière demeure les corps des deux victimes ; de l'honnête ouvrier et de l'homme de bien, enlevés si brusquement à leur famille. Les amis, et ils étaient nombreux, avaient tenu à rendre ce suprême hommage à leur mémoire et cette marque de sympathie à la famille. Merci à tous, au nom de la famille Lepeuple. Merci surtout aux amis qui ont pris la parole sur cette tombe et qui ont si bien retracé cette vie toute remplie par le travail, l'amour de la famille et de ses semblables. Ils ont été les vrais interprètes de tous les assistants, car ils ont exprimé avec justesse les sentiments douloureux que chacun ressentait.

Nous croyons devoir reproduire les paroles émues qu'ont prononcées, sur la tombe de M. Jean-Baptiste Lepeuple, M. Durot, au nom du Conseil municipal de Bersée, et M. Corenwinder, au nom de la Société des Agriculteurs du Nord. Ce sera une consolation pour les parents et les amis de conserver ces témoignages d'estime et de les relire quelquefois pour se fortifier contre la douleur.

———

DISCOURS DE M. DUROT.

Conseiller Municipal de Bersée.

Messieurs,

La terrible catastrophe qui nous réunit aujourd'hui nous fait déplorer la perte d'un des hommes les plus distingués du pays.

En jetant le deuil et la désolation dans plusieurs familles, cet épouvantable évènement a répandu la consternation dans la contrée.

La foule compacte, affligée et recueillie, qui entoure cette tombe, en est une preuve incontestable.

Interprète du Conseil municipal de cette commune, dont je suis le doyen d'âge, de cette Société de Musique dont j'ai l'honneur d'être le Président, des Amis intimes du défunt et des Habitants de Bersée, en général, je viens, avec les yeux pleins de larmes, le cœur profondément ému et affligé, exprimer les sentiments qui animent les uns et les autres.

Je me demande tout d'abord :

Une sorte de fatalité ne pèse-t-elle pas sur notre commune ?

Il y a deux ans, nous avons accompagné, ici, dans ce même lieu de repos, les restes mortels de M. Jean Dubus, Conseiller municipal et Capitaine de mobiles,

L'année dernière, M. Victor Desprez, Maire de Bersée, payait, à son tour, son tribut à la mort,

Aujourd'hui, c'est encore un Conseiller qui disparaît, mais dans quelles conditions ! On frémit en y pensant !!

Le destin ne nous aurait-il pas à l'œil ?

Continuera-t-il à moissonner l'élite de nos concitoyens ?

Jean-Baptiste Lepeuple, le collègue, l'ami, qui vient d'être enlevé si inopinément, si brutalement, à sa famille, à ses amis, à nos sympathies, avait droit à toute notre affection.

C'était un habile cultivateur, aux idées larges, fécondes et progressives. Ses concitoyens ont perdu en lui un modèle.

Comme tous les grands cœurs, il aimait les beaux-arts, les sciences, les institutions utiles et savait les encourager.

Le Conseil municipal perd surtout, en lui, un collaborateur éclairé, instruit, intelligent et sage, et la Société de musique un protecteur sérieux. Il fut un de ses fondateurs, et, lorsqu'il cessa d'être exécutant, il resta un des honoraires les plus assidus.

Vous aimiez, Monsieur Jean-Baptiste Lepeuple, l'instruction et vous la vouliez pour tous, parce que vous saviez qu'elle relève l'homme à ses propres yeux , le fait plus honnête, plus poli , en même temps le rend plus apte à comprendre ce qu'il vaut et ce qu'il doit aux autres et à la Société,

Vous saviez encore, Jean-Baptiste Lepeuple , que le développement de l'intelligence est un levier tout puissant pour arriver à la prospérité agricole, commerciale et industrielle.

Vous n'ignoriez pas que, si des hommes dévoués n'étaient venus, avec la puissance de leur talent, éclairer l'homme pratique et routinier, nous serions encore plongés dans les ténèbres où la société se mouvait autrefois.

Je ne crains pas de le dire, vous étiez, Jean-Baptiste Lepeuple, un homme supérieur, et votre disparition de ce monde laisse un vide que le temps ne comblera pas , et qui fera que toujours vous vivrez dans notre mémoire , cependant, nous fondons notre espoir sur votre fils.

Le caractère de M. Lepeuple était conciliant , ferme et loyal, et son commerce social si facile qu'il sut se ménager des amis partout et dans toutes les classes de la société.

Personne ne possédait plus que lui l'esprit de famille et ne l'appliquait.

La fraternité, pour lui, n'était pas un vain mot , il savait la pratiquer largement.

Nous avons connu son cœur généreux et avons toujours vu en lui cet instinct qui amène ces battements qui font naître l'amour de la Patrie.

Il vivait non-seulement pour son épouse, pour ses enfants, pour sa famille, mais il était tout cœur, tout âme, pour la grande famille populaire.

Il ne lui est jamais échappé que la solidarité sociale

est une des plus importantes parties de la mission de l'homme sur la terre.

Avec quel soin ne l'avons nous pas vu saisir tout ce qui conduisait au progrès, et, sans précipiter sa marche, n'est-il pas toujours arrivé l'un des premiers ?

Nous ne pouvons faire sans dire en passant que si nous avions beaucoup d'hommes animés de sentiments aussi éclairés, aussi sains, aussi libéraux, que les générations qui nous suivront, n'auraient plus à déplorer ces guerres internationales, ces tiraillements perpétuels qui agitent la société, ces luttes de classes, ce despotisme, œuvres de l'ignorance des peuples.

Oui, Jean-Baptiste Lepeuple, vous saviez qu'en semant des idées saines, des idées libérales, vous contribuiez puissamment à la mise en pratique de la doctrine chrétienne.

Autant votre foi était ferme, autant votre caractère vous portait à la tolérance.

Il ne vous a pas non plus échappé, j'aime à le constater ici, que la génération qui dirige et s'écoule, ayant recueilli ce que les aïeux avaient planté et semé, doit, à son tour, cultiver, planter et semer, et, de plus, ajouter à ses opérations des améliorations, des innovations, tout ce, enfin, qui peut être utile à ceux qui viendront après nous ; car vous avez sérieusement pratiqué ces principes.

Cette solidarité des générations entre-elles vous ne l'avez pas considérée comme un service rendu, mais bien comme un devoir, comme une obligation.

Ces belles qualités signalèrent bientôt M. Jean-Baptiste Lepeuple à l'attention de ses concitoyens et lui valurent leur estime et leur amitié.

C'est à ces titres qu'il arriva, jeune encore, au Conseil municipal de Bersée, où il siégea pendant près de trente ans.

Toujours animé par le désir d'être utile, il prit part à toutes les questions importantes.

Nous le trouvons ensuite au Comice agricole de l'arrondissement de Lille, là, tout en consolidant ses connaissances agricoles, il y était un des zélateurs les plus actifs, et fut aussi un des lauréats les plus distingués et les plus brillants.

La fondation de la Société des agriculteurs du Nord le trouva aussi un des premiers sur la brèche.

Dans ces derniers temps, l'autorité supérieure connaissant son patriotisme éclairé, franc et loyal, ayant confiance dans son attachement à la forme du gouvernement qui nous régit, l'appela aux fonctions de juge-de-paix du canton de Pont-à-Marcq.

Enfin, si nous le suivions dans le chemin qu'il a parcouru, nous le verrions, aux expositions universelles, régionales, départementales, aux concours agricoles, partout où il y avait à apprendre et des lauriers à cueillir.

En un mot, Monsieur Lepeuple, vous avez passé trop vite, vous n'avez pas eu le temps d'accomplir votre mission, vous avez été surpris en route par la fatalité. vous avez été foudroyé ;

Mais une aussi belle vie ne peut rester sans récompense; il vous sera tenu un compte rigoureux de vos bonnes actions.

D'ailleurs les hommes supérieurs ne meurent point, leur souvenir reste éternellement dans la mémoire de ceux qui ont été assez heureux pour les connaitre.

C'est avec le cœur palpitant que nous nous éloignons de vous, Jean-Baptiste Lepeuple, et que nous vous disons adieu.

Au nom de votre famille éplorée;

Au nom de vos amis ;

Au nom du Conseil municipal ;

Au nom de tous les habitants de cette commune et de cette foule nombreuse qui entoure votre dernière demeure, ici-bas.

Adieu donc !!!

DISCOURS DE M. CORENWINDER,

Président de la Société des Agriculteurs du Nord.

Messieurs ,

Il y a quelques jours à peine, il y avait dans ce village une maison où régnait la félicité la plus parfaite qu'il soit possible de rencontrer en ce monde.

Dans cette maison, un père chérissant ses enfants, leur avait donné la meilleure éducation qu'ils pussent recevoir : le bon exemple, le goût du travail, le respect du devoir, l'affection réciproque, le dévouement au bien, l'amour du prochain, la croyance en tout ce qui est bon et généreux ; en un mot il avait communiqué à leurs cœurs : les sentiments délicats qui animaient le sien, à leurs âmes : les nobles instincts qui faisaient l'ornement de la sienne.

Aussi comme ces enfants adoraient ce bon père ! Suspendus à son cou, ils lui prodiguaient leurs caresses ; prévenants, attentifs, ils prévoyaient ses moindres désirs; ils trouvaient dans leur tendresse mille occasions de le rendre heureux.

Une mère vertueuse était le témoin attendri de toute cette félicité et elle en jouissait en remerciant Dieu.

Avec quelle douce satisfaction on entrait dans cette honorable maison ! La vue de toutes ces joies intérieures emplissait l'âme d'une émotion salutaire. On était attiré vers cette famille par un charme sympathique ; et quand on quittait ce toit hospitalier, on se sentait meilleur, on avait respiré un air bienfaisant qui réchauffait le cœur.

Hélas ! ne nous appesantissons pas sur ce tableau qui n'est plus qu'un souvenir plein d'angoisse et de tristesse. Un coup de foudre a éclaté dans cet intérieur paisible ! Tout ce bonheur s'est évanoui !

Aujourd'hui, nous avons conduit ce digne chef de famille à sa dernière demeure !

En présence de cette tombe où va reposer la dépouille d'un honnête homme, d'un bon père si fatalement arraché à la tendresse de ses enfants, qui pourrait retenir ses larmes !

Fils de cultivateur, J.-B. Lepeuple fut exercé de bonne heure dans les rudes travaux de la vie champêtre. Doué d'un esprit pénétrant, il ne tarda pas à se ranger parmi ces vigoureux initiateurs qui, dans cette contrée privilégiée, ont élevé l'agriculture à un si haut degré de perfection. Conjointement avec ces hommes de progrès, il a adopté dans son exploitation, les méthodes de culture rationnelles, il y a introduit toutes les améliorations justifiées par la saine pratique, et, suivant de près les découvertes de la science, il a mis en application les lois qu'elle enseigne pour l'amélioration des betteraves par la sélection.

Il n'est pas étonnant qu'un homme de cette valeur ait trouvé dans le travail une juste rémunération de son opiniâtreté. Mais s'il est parvenu à la fortune, il a acquis en même temps l'estime publique, parcequ'il a toujours suivi la voie droite et régulière, celle dont l'honnète homme ne s'écarte jamais.

Je ne vous rappellerai pas les succès que Lepeuple a obtenus dans les concours, où les connaisseurs pouvaient apprécier, par la vue des produits qu'il exposait et par les renseignements sincères dont il les accompagnait, combien il cultivait ses champs avec discernement, avec un profond désir de bien faire, de surpasser toujours les progrès accomplis. A l'exposition universelle de 1878, il brillait au premier rang. C'est là que j'ai appris à le connaître, et que je me suis senti attiré vers lui par ce charme que répand autour de soi l'homme capable et bienveillant.

Doué d'un esprit libéral, ami de l'humanité, Lepeuple pensait avec tous les bons esprits que se dévouer au progrès de l'agriculture, c'est suivre la voie la plus sûre pour être utile à ses semblables. Aussi, lorsqu'en 1878, quelques agronomes praticiens résolurent de créer à Lille une vaste association, dans le but de défendre les intérêts de l'agriculture menacée, Lepeuple s'empressa-t-il de se joindre à ces hommes d'initiative, et il devint un des fondateurs de la Société des agriculteurs du Nord.

Chargé récemment par la confiance de mes collègues de présider cette association, j'inaugure aujourd'hui mon administration par le devoir le plus douloureux. Il y a quelques jours à peine l'ami que nous avons perdu assistait avec nous à une réunion des plus cordiales. Nous étions si heureux de sa présence ! Il nous était si doux de revoir son visage bienveillant, franc, ouvert ; de serrer sa main loyale, de profiter des lumières que son expérience, son esprit juste et sensé apportaient dans nos discussions. Hélas ! nous ressentirons longtemps le vide d'une séparation si brusque et si cruelle.

Adieu, cher et bien regretté collègue, nous allons nous éloigner de ce lieu désolé, où notre cœur ramènera souvent nos affectueux souvenirs !

Nous ne chercherons pas à adoucir l'affliction de ta famille, les larmes seules peuvent apporter un soulagement à son infortune. Puissent tes chers enfants conserver leur mère, ils auront au moins la consolation de pleurer avec elle !

En te quittant, ouvrons nos âmes à une pensée consolante :

Celui qui fut bon, affectueux, charitable ; qui rendit heureux ceux qu'il couvrait de son aile, ne doit-il survivre que dans le cœur de ceux qui l'ont aimé ? Les délicatesses les plus exquises du sentiment moral sont-elles de tristes mensonges ? Les pressentiments de l'homme de bien sont-ils de décevantes chimères ? La mort doit-elle engloutir dans le même néant les vertus de l'honnête homme et les vices du méchant ? Malgré de cruelles épreuves, nonobstant un sort injuste et trop funeste, si l'ami que nous pleurons, pouvait répondre à cette interrogation, peut-être dirait-il à ses enfants de se soumettre et d'espérer ?

Lille Imp. L. Danel.